오남희 시집

질경이 고향

문학사계

머리글

　내 시가 책이 되어 세상에 태어나게 되다니 정말 감개무량하다. 사람의 일이란 하나님만이 아실 일이다.
　막연한 꿈이 이렇게 현실이 되어 나타날 줄을 누가 알았겠는가. 막연하더라도 꿈이란 소중하고 값진 것임을 깨달았다.
　눈을 감으면 신기한 오로라가 눈앞에 아른거리다가 눈을 뜨면 순식간에 사라지는 그런 환상을 볼 때가 있다.
　글을 쓴다는 자체가 아득하고 종잡을 수 없는 늘 미지수였다. 그래서 망설임도 많았다. 나이 먹어 너무 늦게 시작해 이년반 동안의 각고 끝에 나온 시집이고 보니 부족한 점이 많은 게 사실이다.
　독서를 좋아하다 보니 이렇게 늦깎이 시인의 대열에 들어서게 되었다. 책까지 나오게 되어서 기쁘기도 하거니와 쑥스럽기도 하고 부끄러운 마음도 든다.

나에게 있어 글 쓰는 일은 아득하게만 생각되었기에 기쁨은 말할 수 없이 크다. 때로는 이 배움의 길에서 방황을 하기도 하고 후회도 자책도 하였다. 그래도 마음 한 편에서는 안도의 숨이 나오기도 했다. 나에게 이런 행운이 주어지게 해주신 하나님께 감사할 뿐이다.

시업이 나에게는 오아시스 같은 생명수라 할 수 있다. 잘 쓰든 못 쓰든 내 열정을 쏟을 수 있다는 그 자체가 기쁘다.

어떤 때는 글을 써놓고 혼자 즐겁고 혼자 행복하다가 때로는 절망할 때도 있었다. 그러나 나는 실망하지 않았다. 이 길에 들어서는 순간부터 나는 새로운 지평을 열어갔기 때문이다.

내가 절실하게 바라는 것은 나의 시가 독자들로부터 사랑받는 일이다. 내 책을 받아 들고 몇 줄 읽다가 뒤로 밀쳐지는 그런 글이 아니기를 바란다.

  앞으로 얼마의 시간이 주어지고 그 속에서 내 영혼의 씨앗들이 얼마만큼 발화될지는 모른다. 다만 인생을 이렇게 멋지게 보내게 해주신 하나님께 다시 한 번 감사할 뿐이다.

  끝으로 용기를 북돋아주고 열성으로 지도해주신 지도교수님과 따뜻하게 대해주신 아이파크 문우들, 그리고 물심양면으로 나에게 힘을 준 그이에게 깊은 감사를 드리고 아이들에게도 진심으로 감사한다.

2009년 5월 21일 오패산 자락에서
오 남 희

차 례

머리글 • 3

1. 할머니 샘

18 • 할머니 샘
19 • 어머니의 손맛
20 • 불씨
21 • 옹알이
22 • 샛별 아기
23 • 아기는 천재
24 • 면사포 안개꽃
25 • 조약돌
27 • 간장
29 • 아버지의 가슴 1
31 • 아버지의 가슴 2

32 • 비바람 불어도 1
34 • 비바람 불어도 2
36 • 할머니의 목화솜
38 • 하얀 평화
40 • 사진 속에서
41 • 멋진 여자
43 • 뒤안길에서
45 • 간장 맛
47 • 쑥대밭
48 • 제상 위의 바다
49 • 텃밭에서
50 • 선물
51 • 정화수

53 • 새 식구
54 • 숲을 꿈꾸며

2. 민속촌에서

56 • 민속촌에서
58 • 질경이
59 • 개나리
61 • 타임머신
62 • 시비詩碑 앞에서
63 • 가을이 오면
65 • 그대는
66 • 흙의 기쁨

68 · 깨어나는 산
70 · 소라
71 · 대나무
72 · 사과
73 · 징소리
75 · 찔레꽃
76 · 저잣거리
77 · 국립묘지에는
79 · 남산에서
81 · 고인돌
82 · 페르샤의 혼
83 · 수호신
84 · 모악산에서

85 • 쉼터 풍경
86 • 낙지 세상에서
87 • 명아주
88 • 천안삼거리

3. 색즉시공 色卽是空

92 • 색즉시공 色卽是空
93 • 호반에서
94 • 꿈의 전령사
96 • 봄비가
97 • 무욕의 들
99 • 대자연의 연주회

101 • 귀뚜라미
103 • 노을
104 • 가을 숲
105 • 비가 오면
106 • 초인
107 • 제부도
109 • 봄 바람
110 • 겨울 길목
111 • 아침 향기
112 • 아무도 모르리
113 • 내 가슴속에
114 • 숲속은
116 • 초롱꽃

117 • 홍천강
118 • 임진강
120 • 매미의 꿈
121 • 우산 숲
122 • 들꽃을 꺾어주고
123 • 껍질

4. 고향 가는 길에

126 • 고향 가는 길에
128 • 연鳶
130 • 자운영
131 • 노신사와 바다

133 • 콩을 삶으면
134 • 고향
136 • 고향집 뜰에는
137 • 그리운 이름
139 • 멍울진 노래
140 • 푸른 꿈
141 • 새순 발아하기
143 • 가을의 밀어
144 • 부메랑이 되어
145 • 고추를 수확하며
147 • 당신을 초대합니다
149 • 너를 보내고
150 • 햇살이

151・달님에게
153・두견새
154・우이천에서
155・그대가 물처럼
156・달
157・보내면서
159・빈 자리
160・파열음

작품해설 / 황송문
163・鄕土情緖의 醇厚한 人情美學

1

할머니 샘

할머니의 샘처럼
할아버지가 쓰시던 사랑방은
길가는 나그네들이 묵어 가는 곳,
마른 목을 추기며 쉬어가는 샘이다.

할머니 샘

우리 집 툇마루처럼
사람들이 쉬어가곤 했다.

구름도 한가로이 떠가고
지친 산새 다람쥐도 쉬어가는 곳에
샘물이 넘쳐흘렀다.

할머니 넉넉한 가슴은
옹달샘이고 툇마루다.
구름처럼 떠도는 박물장수들
언제라도 쉬어가는 따듯한 쉼터.

할머니의 샘처럼
할아버지가 쓰시던 사랑방은
길가는 나그네들이 묵어가는 곳,
마른 목을 축이며 쉬어가는 샘이다.

어머니의 손맛

어머니의 손맛을 잊을 수없어
쑥 개떡을 빚어 보았지.

손만 대어도 맛이 나는
어머니의 손맛을 흉내 내고자

소재는 같은데 주제가 안 나와서
이리저리 기교도 부려보았지

엉성한 솜씨는 산뜻한 맛이 나오지 않아
반지르르한 겉멋을 없애고

차근차근 옹축되게 반죽을 해봤더니
조금은 그 맛이 날까말까

갈고 닦아도 그 세월이 아득해
어머니 손맛을 흉내도 못 내네.

불씨

세상이 추울수록
그리워지는 할머니의 화롯불

시간이 흘러가면
식어가는 재를
정성으로 다독여
살아나게 하는 불씨
할머니가 살아오신다

불씨를 아끼시는
할머니는
자식을 가슴에 묻은 채
그리움이 쌓인 앙금을
삭이고 계셨다.

옹알이

옹알거린 입술은
아침이슬 머금은 채송화.

가슴사랑 송송
아무리 보고 또 봐도
우주의 수수께끼.

어느 은하에서 반짝이다가
아름다운 웃음꽃으로 왔을까!

까르르 호호 너의 웃음소리
맑은 아침 은빛살에
물방울 튕기는 옥구슬 소리.

샛별 아기 −손자 수민

이제 겨우 몸을 뒤척이는
아기가 제 엄마 품이
아니라고 목이 쉬도록 울었다.

사랑을 우물처럼 퍼주어도
끝이 없는 내리 사랑

자정에도 초롱초롱 눈이 맑아져
잠이 없는 샛별 아기.

자동차 이름을 외던 아기가
지금은 소나무같이 자라서

"회의를 시작하겠습니다."
오학년 반 회장이 되었다고
눈을 샛별처럼 반짝이고 있다.

아기는 천재

가느다란 손으로
글자를 익히는 다섯 살 수지는
입을 쫑긋 대는 금붕어를 닮았다.

할아버지 할머니
아빠 엄마라는 글자를
여러 모양으로 잘도 써간다.

어떤 때는 활이 되어 구불거리고
영어로 둔갑하여 꼬불거리고
거꾸로 그네를 타기도 한다.

아침 햇살같이 환한 얼굴에
백합꽃같이 벌어지는 애교스런 입.

꼬물꼬물 그림도 멋대로 여서
못하는 게 하나도 없는
우리 집 재롱둥이 웃음 꽃나무.

면사포 안개꽃

우리 집 병아리가
보송보송한 날개를 키우더니
짝을 찾아 가는구나.

방실방실 웃는 네 입이
어찌 그리도 예쁘더냐

너는 꿈꾸는 선녀
백합꽃 같이 청초한 얼굴
장미꽃보다 눈부시더라.

축복으로 가득 찬 실내엔
웃음꽃이 만발해
축하객들 모두가
너 나 없이 행복해 하더라.

조약돌

모난 돌이
파도에 다듬어져
조약돌이 되어갑니다.

사소한 일에 갈기 세우고
부딪치면서 상처 나고
흔적이 지워져 가면서
부부 정이 깊어 갑니다.

그러는 사이
숲속에 낙엽이 쌓이듯
생활의 앙금이 쌓이고
간장 항아리에 속맛이 들듯
부부는 맛이 들어갑니다.

따뜻하고 그윽한 눈으로
서로의 안위를 바라보게 된
당신과 나 둘만의 시간을

지나온 발자국에 새겨 봅니다.

간장

어느 시인은
간장을 고전이라 했다
고전중의 중심이라 했다.

시대가 변해도
우리 집은 여전히
중심 자리를 고수해 왔다.

진수성찬이 따로 없이
간장이 들어가야 제 맛이 나는 법
미각이 살아나면
황소고집 주인장은
중심에 좌정한 간장으로 간을 친다.

간장은 있는 듯 없는 듯
고유의 맛을 총괄하듯이
우리 집 대를 이은 가장은
한 백년의 좌장

이씨 가문 고전의 중심 자리를 지킨다.

아버지의 가슴 1

6.25가 터지자
참새들 세상
새떼들이 중공군처럼 몰려다녀
패기 시작한 벼를 지키는 데는
생명을 내놓는 싸움이기도 했다.

포성 끝에 새를 쫓다가
사라졌다는 소문도 들리고
비행기 소리가 나면
두더지처럼 방공호에 몸을 숨겼다.

폭탄이 떨어지자
천지를 진동하는 굉음소리
섬광이 뻔적이고 연기가 올랐다.

아버지는 논 가운데서
내 귀를 계속 막고 계셨다.
아버지의 등에 업혀 돌아오는 길,

그 등은 꿈길처럼 포근했다.

기억의 오솔길에 아스라한
들녘의 새떼는 몰려다니고
폭격기의 폭격소리도
아버지 품속에서는 무섭지가 않았다.

아버지의 가슴 2

병아리 시절에
아버지는 나를 늘 안아 주셨다.

아버지의 품속은
군불 지핀 따뜻한 아랫목
얼굴을 묻고 있으면
푸른 소리가 소곤소곤 들려왔다.

심장 뛰는 소리
혈관을 타고
시냇물 흐르는 소리
그 자장가에 잠이 들고
꿈속에서는 나비를 쫓아 다녔다.

흥얼거린 소리에
꿈인 듯 생시인 듯 잠에서 깨면
아버지의 품속에 안겨 있었다.

비바람 불어도 1
－동생 진선에게

미리내 강가에서
반짝반짝 빛나는 별을
예쁜 유리병에 담아
그대 창가를
환하게 장식해주고 싶다.

지금은 힘이 들어도
푸른 숲의 탄소동화작용으로
심장의 힘찬 고동소리
싱그러운 햇살이 그대를 지키리니

보금자리 찾아가다
밝은 세상 굽어보는
하얀 낮 달처럼
나뭇가지에 그리움 걸어놓고
잠시 저 하늘을 바라 보려마

꿈으로 비상하는
종이학처럼 인생은
사랑의 자맥질로
천공을 나는 뿌리깊은 나무란다.

비바람 불어도 2
　　　－동생 진선에게

허공에서 흩어졌다가
모여드는 구름처럼
그대는
사랑으로 피어나는
한그루 든든한 나무이지.

그대는 오로라처럼
빛을 뿜는 사랑스런 동생이야

종달새처럼 희망을 전하는
아름다운 하늘이라네.

혹한의 추위도 두려워 않고
흙을 뚫어 씨눈 틔워내는
연초록 새순 같은
강인하고 아름다운 그대 모습

정감이 묻어나는 다정한 목소리
헐벗은 가지마다 내뿜는
인동초 그 파아란 불꽃이야!
툭툭 털고 일어나 우리 아침을 열자.

할머니의 목화솜

큰 손녀 시집갈 첫 몫이라고
탐스럽게 벌어진 목화송이를
할머니는 정갈스레
좋은 것만 따 모으셨다.

빛바랜 사진처럼
몽실몽실한 목화송이를
마당에 한 아름 내려놓으며
다 네 몫이여! 하시던
생생한 모습이 세월 속에 묻혀간다.

탐스럽게 피어오르는
솜털 같은 구름 한 소쿰 떠내서
하늘에서 딴 목화솜이라고
안겨드리면 웃으실까!

할머니 치마폭에선
하얀 목화가 와르르

돗자리 위에 쏟아지고

마당 햇살에 보송보송 말린
목화송이는 할머니의 분신이 되어
내 가슴에 차곡차곡 쌓여가고 있었다.

하얀 평화

성모병원 병동들이
꽃가루에 둘러 쌓여있다.

희뿌연 하늘에서
하얀 나비 떼를 몰고
너울너울 병실을 감싸는
눈꽃 천사들이 보였다.

큰 수술을 앞두고
진이 빠진 환자의 눈물이
심장을 도려내기라도 하는 듯이
아픔이 시리게 엄습한다.

눈 내리는 창밖은 사념의 나라
시가 되고 그리움이 되고
아픔이 되어 가슴에 젖는다

눈꽃 천사를 지천으로 보내주신

눈의 나라 하얀 평화가
쾌유를 비는 사람들 가슴마다
등불 밝히며 찾아들고 있다.

사진 속에서

빛바랜 사진첩 속에서
청순한 얼굴 하나 나를 울리네.

세상 때가 묻지 않은
청초한 아름다움으로
아침 이슬처럼 빛나는 그대.

새벽을 여는 태양
정열의 불꽃
모닥불 같은 그리움이 나를 흔드네.

보랏빛 꿈
내 가슴에 수를 놓고
사진 속에서 천진하게 웃고 있네.

멋진 여자

여울목에 우쭐대는 버들강아지
꽃샘바람 뚫고 나와
귀여운 몽오리로 웃는 여자

우주의 신비가 빚어내는
수정 같은 이슬이
풀잎에 조롱조롱 매달려
아침 햇살에 반짝이는 여자

그대는
뜨락에 피어나는 꿈나무
외로운 영혼위에 머무는
샤론의 꽃 마음을 맑게하는
싱그러운 아침 이슬.

잡힐 듯 잡히지 않는
구름 같은 생의 길목을 환하게
푸른 바람 안고 가는 여자

웃음을 아는 멋진 여자
은은한 향기를 분분히 날리고 있다.

뒤안길에서

전철 유리창에 비친 얼굴
낯이 익는데 누굴까
주름진 인상을 알듯 모르겠다.

내가 바라보면 같이 바라보고
고개 돌리면 따라서 돌리는
인생길 동행하는 그림자인가

세월을 거슬러 올라가
연어처럼 돌아가고 싶다.

세월의 강을 건너
원시의 고향으로
들불처럼 다가온 시심
씨앗이 빗장을 열고
마음 뜨락에 분홍 꿈을 펼친다.

양지에 뿌리 내리고자

영혼까지 보듬는 생의 지평선에
일렁이는 푸른 바람이
시어의 바다에 소금을 퍼 나르고 있다.

간장 맛

어머니가 세상을 떠난 뒤로
간장 맛이 변했다

달착지근하면서 짭짤한 간장 맛은
우리 집을 대표하는 근간이었다
어머니는 간장을 담그실 때마다
온갖 정성을 다 쏟으셨다

한 해를 띠워도 안 되고
잡인의 근접도 안 되고
독에는 잡귀를 막는 부적도 붙였다.

집안을 지키는 넋으로
어머니 말씀은 늘
우리들 가슴 속에 살아 있다

간장 맛이 좋아야 그 집안이 흥하니라
어머니 따라 가버린 간장 맛은

끝내 돌아오지 않았다.

쑥대밭

빈 마당엔 쑥들이
야금야금 여기저기
쑥, 저의 세상을 만든다.

억세고 질긴 뿌리
캐고 캐고 또 캐내어도
하룻밤 사이에 초원을 이룬다.

누가 이기나
호미로 캐고 짓이겨
쑥대밭을 만들어도

지칠 줄 모르는 생명력
누굴 닮았을까
똘똘 뭉친 백의민족
우리 민초들을 꼭 닮았다.

제상 위의 바다

제사상에
제물로 올라온 조기 한 마리
파도 소리를 토해낸다.

한 때는 온갖 구애로
해초를 희롱하며
가슴이 설레었을
아름다운 삶,

수평선을 헤엄치며
숨을 쉬던 삶이
뜨거운 철판위에서
눈을 똥그랗게 뜬 채 누워있다.

해안선을 따라 밀려오던
파도소리
갈매기 울음도
제상 위에서 멈춰 있었다.

텃밭에서

언제 뿌리를 내렸나
이 메마른 가슴에

부모님 남기고 가신
빈 마당 텃밭에
망초꽃 무리가
화사하게 꽃밭을 이루듯

꽃망울 속 여기저기
벌들의 속삭임이
가슴 이곳저곳에서 윙윙대네.

선물

그대는 바람처럼 갔어도
그대가 준 선물은 남아있네.

그대에게 쓰는 연서에
글씨는 개미처럼 줄지어 가네.

써도 써도 마르지 않는
그리움의 잉크!

눈물로 쓴 편지에
안부를 띄워 보내네.

그날처럼 비가 내리네
나도 가을도 저물고 있다고.

정화수

어머니는 아침마다
부뚜막에 정화수를 떠놓고
조왕신에 빌고 빌었다.

군인 간 아들
무사히 돌려보내 달라고
일월성신에 빌고 빌었다.

산모롱이 돌멩이 쌓으면서
떡 시루 바치고 비는 어머니
삼신할미께 빌고 터주 대감에 빌고

가을 농사 끝나 가면
논두렁에 꽹과리 소리 요란했다.

해마다 정초가 되면
이집 저집
지신 밟으며 지축을 울렸다.

언제나 빌고 비는
어머니 가슴에 정화수는 살아있다.

새 식구

싱크대에서 자라고 있는
연옥색 고구마 넝쿨은
우리 집 새 식구가 되었다.

암팡차게 뻗어나간
생명의 줄기가
어둠을 뚫고
강렬한 햇빛의 자양분으로
탄산동화작용을 시도한다.

햇살에 입 맞추고
강인한 기운을 내뿜는
우리 집 새 식구

태양을 향해 줄기차게
푸른 손을 뻗치고 있다.

숲을 꿈꾸며

칼바람에 휘몰리다가
밤새 내린 눈에 쌓여
눈의 나라 흙속에선
풀무치가 꿈을 꾼다.

겨울이 가면
겨드랑이에 날개가 돋고

어둠을 걷어 내면서
청자빛 하늘을 우러러
푸른 숲을 노래할 그날을 위해
꿈을 모으고 모으리

따스한 아침 햇살에
반짝이는 눈의 나라
그 끝자락 봄을 향해
진초록 꿈의 징조가 아른댄다.

2

민속촌에서

너 시집 갈 때 비단이불 해 줄껴
번데기 같은 할머니의
명주비단 같은 말씀이
아홉 살 소녀 귀에 쟁쟁하다

민속촌에서

민속촌에서
내 유년시절 할머니를 바라본다.

기억에 살아남은
정갈한 잔상을.

할머니는
누에고치 실을 뽑고 계셨다.

비단실을 내기 위해
번데기가 떠도는
펄펄 끓은 물에서
명주실을 물레에 감으시는 할머니.

너 시집 갈 때 비단이불 해 줄껴
번데기 같은 할머니의
명주비단 같은 말씀이
아홉 살 소녀 귀에 쟁쟁하다.

번데기가 나비되어 청산 가듯,
명주옷을 입으시고
꽃상여 타신 할머니는
꽃구름 속으로 훨훨 날아 가셨다.

질경이

척박한 땅이라 할지라도
망설임 없이 뿌리내리고
번식하며 생육하는
백의민족의 정신을 빼어 닮았다.

자식을 위해서라면
모든 것 다 내어주는
끈질긴 빠뿌쟁이 근성
조선의 어머니를 빼어 닮았다.

짓밟히고 짓이겨져도
다시 일어서는 오뚝이처럼
꿋꿋하게 역경을 이겨내는
민초들의 죽창을 빼어 닮았다.

개나리

아담한 화단에
모듬 모듬
모여노는 병아리같이
뿌리내린 줄기 하나
뾰족한 입을 제법
나긋나긋 연 채
둥지를 틀고 있다.

끝없이 뻗어나가는
그 찬란한 생명력
초록 웃음 노란웃음에
햇살도 시샘한다.

끼리끼리 어울려야
평화로운 거라고
여린 꽃나무들
개나리꽃 반란에
화단은

온종일 시끌시끌하다.

타임머신

어린 시절이
두루뫼에 다 와 있다네.
잊고 있었던 추억들
하나도 빠짐없이 다 모여있네.

할아버지 갓이며 담뱃대
물레 축음기 멍석에
다듬잇돌 홀태 풀무
목화씨 빼던 씨아라든지
코뚜레 낀 황소의 꼴 먹는 모습까지
아득한 기억들 안개처럼 살아나네.

아슴푸레한 기억의 편린들
타임머신에 속속히 들어와
그리움의 기차로 여행을 떠나네.

시비詩碑 앞에서

조용한 수풀속에
서 있는 많은 시비들이
오가는 나그네들
발길을 멈추게 한다.

시어들이 쏟아내는
아름다운 꿈나라에서
감성의 무지개를 만들고

은은한 배꽃 같은 언어가
시비공원에 꽃비처럼 날린다.

백년이고 천년이고
아름다운 꿈으로
꽃을 피울 수 있다고
천진한 마음밭에 꽃씨를 뿌린다.

가을이 오면

가을이 오면
생과 사의 갈림 길이 보인다.

가고 오는 목숨들이
제 길을 찾아
어쩔 수 없이 떠나간다.

청빈한 매미는
이슬만 먹고 노래하다
한여름을 울다 떠나고

겨울이 가까워 오면
풀무치의 날개짓 소리에도
미물들은 감상에 젖는다.

가슴을 비벼서
계절을 깨우는 귀뚜라미가
시간을 더듬거리며

오리목 산길로 산길로
서글픈 계절을 넘는다.

그대는

그대는
중년을 들뜨게 하는
모닥불을 지피고 있다.

눈감으면 샛별처럼
반짝이며
다가오는 그대

재스민의 은은한 향기와
바닐라 향 같은 사랑이
애틋하고 상큼하게 다가와
중년의 길목을
아기사슴처럼 서성이게 한다

흙의 기쁨

여름비가 간 뒤의 맑은 하늘
신농씨의 이마에는
흙에서 나는 땀방울이 송알송알
구슬처럼 반짝이는가보다

밭이랑마다 하루가 다르게
행복을 주는 땅의 분신들
오늘은 꽃이 피고
내일은 알찬 열매가 기쁨을 주리

천지간에 교감되는 사랑의 밀어들이
귀 기울이는 시인농부의
가슴속으로 밀려와
경의로운 싹을 틔우고 있다.

바람과 햇볕과 비와 구름
속세를 떠난 성자처럼
신농씨는 넉넉한 자연의 품속에서

흙의 기쁨을 일구고 있나보다.

깨어나는 산

아지랑이 춤을 추는
산등성이마다
가지들이 연록색 꿈을 내뿜고 있다.

속살 파랗게 단장하는
나무들의 내비친 속내
햇살과 바람과 소근대는 소리

산을 찾는 발걸음들
알을 품는 어미 닭처럼
속속 안아주며 말없이 깨어나는 산.

기지개를 켜는 가지마다
아슴푸레한 봄 물결
출렁임으로 가득 차있다.

생기를 싣고
눈부시게 다가와

봄을 일깨우는
자연의 재단사 디자이너들.

소라

하늘만큼
바다만큼
모든 것 다 내어주고

빈 껍질에 이는
그리움의 바람소리
아픔이 되어 윙윙 울어요

슬픔마저 사라진
빈 껍질 속에
파도소리 찰랑대며
해조음 가득
윙윙 울어요.

대나무

빈 가슴으로
부드러움을 잃지 않고
욕심을 채우려 하지 않는
그대에게서 인생을 배운다.

혹한이 와도
의연함을 잃지 않는 몸가짐에서
어려움을 이겨내는
침착한 지혜를 배운다.

하늘 우러러
변함없는 경외심으로
기도하는 푸른 정신
그대에게서 사는 법을 배운다.

사과

겉은 두꺼워도
사근사근한 속살같이
윤기가 자르르한 그녀

혹한을 이겨낸 모습
속진까지 다 털어내고
태양을 안아들여 옹골차게
튼실한 열매를 키워간다.

휘몰아치는 폭우에도
알찬 열매로
한 알 한 알 개성을 살려
제 맛을 내는 그대

싱그러운 맛을 엮는
그 달콤함을 잊지 못하리.

징소리

은은히 울리며 내려오는
먼 영혼의 소리

순결한 사랑을 일깨우신
무언의 소리

시시때때 그리움으로
오시는 소리

때묻은 몸과 마음
눈처럼 씻어 주시고

때로는 소리 없는
눈물이 되어 주시며

은빛 타고 오시는 소리
가슴에 울리면

날개를 단 천사가
미리내 강을 거니는 소리.

찔레꽃

향기 어린 주머니마다
싱그러운 젊음 가득 담고
찾아와 줄 그대를 기다립니다

창을 열면 스며오는
그대 향기에
가슴을 활짝 열곤 합니다

해마다 찾아와 내 뿜는 향기에
눈부신 신록이 더 빛나나 봅니다

길을 걷다가도 취해서
다시 눈감고 더듬어 보는
다정하면서도 싸늘한 모습에
오늘도 흠뻑 취했습니다.

저잣거리

해가 떠올랐다 지면
풀잎들은 일어났다 눕는다.

저 질그릇 같은
모습 속에는 햇살 같은 꿈도
세상의 시름과 즐거움도
괴로움과 슬픔도 함께 있었다.

웃고 울게 하는 금을 얻기 위해
새벽 샛별을 이고 나와
막걸리에 마음도 열고
세상 돌아가는 얘기에 흥분도 하였다.

하루가 고단해도
발아를 꿈꾸는 마음속에는
저자의 애환이 공존하면서
하룻밤 열 두 채의 기와집을 짓는다.

국립묘지에는

푸른 기상으로 일찍 진
꽃잎들이 조용히 잠들어 있네

저 산하를 누비며 치닫는
발걸음이 쟁쟁이 귀에 울리네

그대들의 함성이
그대들의 희생이
이 산하를 편히 잠들게 한다네

조국을 향해 뿌린 넋은
그리움 속에서 살아나고
그대들의 묘비위에서
우리의 가슴속에서
진한 핏빛으로 강토를 적시네

동작동에 만발한 꽃송이마다
아름다운 새소리마다

그대들의 향기와 숨결이 되어
심장으로 묵묵히 흐르고 있다네.

남산에서

바라볼 때마다
꽃 기둥이 꿈을 나르더라

비가 오는 날에는
아스라하게 반짝이고
눈이 오는 날은
하얀 설원으로
요정들이 신호를 보내더라.

높이만큼 길이만큼
울타리 바다 사랑의 열쇠가
병풍처럼 둘러 처져있더라.

열쇠로 가득한 쇠 울타리 안에
비록 내 열쇠는 없어도
연인들의 뜨거운 사랑
눈물과 아픔 간절한 열망이
하나가 되어 아프게 스며들더라.

더러는 지순한 사랑도
녹이 슨 열쇠 속에 녹아 내려
색깔도 사연도 비밀스럽게
뜨거운 시간을 쏟아내고 있더라.

고인돌

유구한 세월을
묵묵히 지키며
사랑을 간직해 왔다.

풍진 모습으로
신화와 역사를 지켜온 증인들
넋이 스며있다.

백골이 흙이 되고
흙이 피가 되고
피가 살이 되어도

인고의 세월 삼키며
지나온 길
지킴이가 천년을 노래하고 있다.

페르샤의 혼

유물 속에는
흐르다가 영원히 정지된 역사
머무는 시간의 정점이 있다.

유유히 흐르던 물줄기
찬란한 역사의 순간들이
초라하고 찬란하게 나들이를 왔다.
신비를 넘어 슬프게 다가온다.

임금님의 수라상에서
도도하게 빛나던 명품들
깨어날 수 없는 유리 상자속에서
잠들어 있는 처연한 모습 위에
허무가 한 점 낙엽처럼 날린다.

수호신

인생의 디딤돌로
다정한 길잡이가 되어
쓸쓸한 인생의 갈림길에도
방황하지 않게 하는 그대

깊은 어두움이
삶을 좌절하게 할 지라도
내가 두려워하지 않음은
나를 지켜주는 그대가 있기 때문.

그대는 물빛 하늘을
유유히 떠가는 구름
아무리 가파른 준령에서도
따뜻한 눈으로
온 세상을 바로 보라고

묵언하는 스승
마음의 눈으로 지켜주시네.

모악산에서

산허리 감아 도는 안개가
잠옷을 벗을 때
아침햇살에 속살 드러내는
청산은 묵언수행중이라네.

동트는 새벽 정상에 올라
바람소리 솔소리 새소리
대자연의 교향악에 가슴 설레고
나도 그 속의 하나가 되네.

능선마다 뻗어오는 산의 기운과
나무마다 내뿜는 달콤한 향기가
마음 끼인 때를 씻어 내리네.

내 삶의 지평에서
참 나를 찾기 위해
산처럼 가슴을 채운 적이 있던가
대나무처럼 가슴을 비운 적이 있던가.

쉼터 풍경

남루를 걸친 사람들이
빌딩 숲에서
기어 나온 공지.

용광로 같은
팔월의 열기에
쉴 곳을 찾아 서성거린다.

축 쳐진 어깨위로
내리는 여열
매연에 싸인 도심을
황사도 뿌옇게 내리고 있다.

낙지 세상에서

술꾼들은 산낙지를 즐긴다.
끝없이 잔인한 인간들에
다리 잘린 낙지들이
접시위에서 꿈틀댄다.

혀에서 빠져나가
입천장에 붙기도 하고
젓가락 위에서
온 몸을 비틀며
비명을 지르기도 한다.

너무도 멀리 왔다고
바다를 그리워하다가
사라지는 두족류頭足類,
소리 없이 눈물을 훔치고 있다.

명아주

시멘트 틈서리에서
어둠을 뚫고나와
만세를 부른다.

끈질긴 집념으로
보도블록을 밀치고 일어난
연초록 꿈 빛깔이
붉은 웃음 짓고 있다.

반겨주는 이 없고
구원의 손길 받지 못해도
따뜻한 햇살 받아들이는
흙속의 뿌리는 건재하다

황록색 미소의 전략으로
어디에고 망설임 없이
흙속에 뿌리 내리며
자손만대를 보존해 간다.

천안삼거리

천안 삼거리
능수버들도 보이지 않고
아우성 소리만 요란했다.

무명두루마기와 무명치마
짚신과 고무신발들이
땅을 뒤흔들고 있었다.

눌리고 짓밟혀도
총칼을 겁내지 않고
산줄기마다 봉화불로
구국의 일념을 불태웠다.

이제 평온한 일상으로 돌아온
조용한 도시는
화려한 네온 불에 묻혀있고

유관순 열사의

횃불이 타고 있는
매봉산의 뜨거운 열기만이
위대한 얼의 고장을 말하고 있었다.

3

색즉시공 色卽是空

노을이 물드는 가을 하늘에
기러기 떼 북으로 날고 있다.

시간은 무심히 흐르고
산모퉁이 휘어 도는 언덕에서는
들꽃이 가을 속으로 침잠해 간다.

색즉시공 色卽是空

노을이 물드는 가을 하늘에
기러기 떼 북으로 날고 있다.

시간은 무심히 흐르고
산모퉁이 휘어 도는 언덕에서는
들꽃이 가을 속으로 침잠해 간다.

흐드러진 꽃들도
피안을 흐르는 물결처럼
시들어 가는 게 자연의 이치라고,

시간은 누구에게나 공평하다고
젊음도 낡음도 과정을 거치는
윤회의 질서일 따름이라고,

젊음 속에 낡음이 공존한다고
인생은 변함없이 이어지는
인생도 우주도 색즉시공이라고.

호반에서

빛을 뿜는 햇살이
호심湖心에 빠져들고 있다.

진초록 수면 위로
수상 스키어들이 물결을 가르고

끼룩거리며 날아가는
정겨운 호반새 소리

은사시나무가 사그락 사그락
나그네 바람을 튕긴다.

내고향 대정리와
물보라 이는 작은 호수
굽이치는 노오란 들녘

그리운 얼굴들이
밀리는 물살에 녹아들고 있다.

꿈의 전령사

계절은 꿈의 전령사
잠자리 날개 위에
내리는 햇살
하늘과 땅이 소식을 옮긴다.

세상이 살벌할 때는
한 그루 장미나무로
우아하고 향기롭게 피어나
조용히 취해서 살아야지.

하늘 한 자락 곱게 펼쳐서
해님 달님 모셔놓고
세월없이 살자면
달 속의 옥토끼도 환호할 거야.

청류에 쉬어가는 구름을
시름 풀어 띄워 보내고
조용한 숲이 되어 명상하는

소나무들도 꿈을 꿀 거야.

봄비가

봄비가
생각의 강을 이룬다.

다정한 빗소리는
그대 목소리

몸을 비비며
그대 살아와 몸으로 말한다.

흙에서
올라오는 새싹처럼.

무욕의 들

산등성이에 서서
숨을 길게 들이 쉬고
넓은 들판을 바라보면
무욕의 해님이 속삭인다.

저 넓은 들판
바다에 욕심을 내려놓으라고.

마구 부는 거센 들바람에도
제 뿌리를 꼿꼿이 지키며
세상살이 아픈 사연
뒤 돌아보지 않는 벼에서
칼날 같은 인고를 배우라 한다.

온갖 정성으로 일생을 가꾸어
아낌없이 내어주고
영혼까지 비워주는
욕심 없는 저 들판처럼

어진 이를 본받으라 한다.

대자연의 연주회

이 나무 저 나무에서
쓰르라미가 한 달 내내
무보수로 들려주는
연주회에 빠져들었다.

까치소리도 까마귀 소리도
왜 이리 경쾌할까

여름 내내 구석진 곳에서
가을을 기다리다가
제일 먼저 달려와
들려주는 귀뚜라미 소리도

순리대로 가고 오는
무욕의 삶들……

보이지 않는 연주자에 의해
아름답게 들려오는 사계의 음악

그 속에서 살아가는 속중俗衆은
무엇을 더 바라랴.

귀뚜라미

입추를 어떻게 알았을까
열기를 뚫고 찾아온
가을의 전령사가
여름을 밀어 내기 시작했다.

촉수를 길게 내밀고
여름내 마루에서 안방으로
목욕탕으로 옮겨 다니더니

무더위로 화끈거린 밤을
재빨리 가을로 끌어 들인다.

가을밤은 제몫이라고
당찬 소리로 어둠을 가르며
가을밤을 수놓는다.

노래인지 울음인지
기묘한 음률로

구슬픈 색채를 띄우며
집안을 가을로 꾸미고 있다.

노을

먼 바다를 향해
노를 저어가던 나룻배가
바람과 소근대다가 돌아섰다.

하늘과 바다의
마주보는 시선이
불꽃처럼 타올라서
노을은 차일을 치고 있었다

서로를 애무하는
사랑의 윤선輪線이
동녘 하늘에 퍼지고

은근한 속삭임에
구름도 사색에 잠기다
서녘 하늘을 비켜서 갔다.

가을 숲

아침 안개 속을 유영하는
아름다운 가을 숲이
오색 융단위에서
떠날 준비를 하고 있다

친구가 멀어져 가도
다소곳이 견딜 뿐

우주를 윤회하는
자연의 이치를 받아들일 뿐

단풍으로 불타는
만추를 장식해 놓고
쓸쓸한 뒷모습을 보인다

계절은 아쉬움을 남긴 채
만산 평야에 깃을 내리고 있다.

비가 오면

비가 오면
그리움이 가슴에 젖는다.

무한천공에 내리는
사랑의 빗줄기는
끝없는 이야기를 만들고

커피 잔에 어리는 얼굴
그리움의 조각들이
빗물 속에 부서져
추억의 나라로 떠내려간다.

초인

어제는
석양에 빠졌던 해님이
오늘은 아주 천천히
일렁이는 바다 위로 솟아올랐다

보석을 쏟아 부은 듯
금빛 살을 내 뿜으며
타는 눈빛으로 허공을 날았다

오늘은 무슨 일이 있을까

유언비어로 몸살 앓는
병든 지구를 굽어보다가
지진으로 해일로 허덕이는
인간들을 안타깝게 바라보다가

초인은 무거운 걸음으로
서산을 넘어갔다.

제부도

적막하게 널브러진
갯벌 구멍마다 바쁜 몸짓들

찰랑거리며 쏴아쏴아
여행에서 돌아오는 바다는
썰물로 또 다시 이야기를 남긴다.

꿈을 가꾸는 바다의 식구들
희망과 절망을 반복하는
썰물과 밀물의 조화로
바다는 온종일 수런거린다.

비릿한 내음을 풍기며
안겨오는 유월의 실바람에
하늘은 초록 물살에 밀리고
바닷가의 어족들은 부산하다.

파도의 욕망은 으깨어지고

조개는 불 위에서 거품을 물고
저무는 인생은 노을 속에 잠기고
켜켜이 쌓여진 수족관에서
어족들은 숨은 이야기를 드러내고 있다.

봄 바람

연초록 바람이 스쳐간
숲속의 무한천공에
새 한 마리 취한 듯
허공을 아스라이 맴돈다

햇살에 두런거리는
나무들의 푸른 이야기
귀를 쫑긋 세우는 사슴과 고라니도
숲의 유혹에 빠져든다

야릇한 숲의 나라
산들 바람도 봄꿈에 젖었나

살며시 찾아와서
슬쩍 볼을 건드리고
머리카락을 헤집으면서도
아니라고 은근히 시치미를 뗀다.

겨울 길목

빗방울 소리가
절규처럼 싸늘하다.

이 비 지나면
언덕을 넘어오는 찬바람
쓸쓸한 계절을 밟고
초토에 잠기겠지

여기저기에서
흩날리는 갈잎들
나그네 머리에 내려와
나비되는 꿈을 꾸는가

짙어가는 그림자에
응달진 삶들
겨울로 가는 여정은
싸늘하기만 하다.

아침 향기

고요한 아침에
살가운 바람이
가지를 흔들고 있다
상큼한 햇살이
싱그러운 향기를 쏟아낸다.

경쾌한 까치소리에
나목들 부스스
기지개 켜는 소리
파란 봄으로 휩싸인
산골짜기 마다 새싹들 움트는 소리

한 치의 오차도 없이
해와 달을 넘나들며
봄은 어디에서 기다리다가
저렇게 옹알이하며 찾아 오는가.

아무도 모르리

파도가 철썩철썩
바위에 부딪히며
몸으로 우는 까닭을 아무도 모르리.

갈매기가 끼륵끼륵
해 저문 하늘을 맴돌며
바다를 떠나지 못하는
까닭을 아무도 모르리.

자식들을 무더기로
시간마다 떠나보내고
돌아앉아 눈물짓는
어미의 슬픔을 아무도 모르리.

수평선 넘어가는 해님
꽃잎 같은 노을 아름답게
보석처럼 바다에 풀어놓는
그 마음 별들은 알고 있으리.

내 가슴속에

내 가슴속에 불타는
시심으로 오시는 그대여
당신 스치는 생각의 편린에도
바람 앞의 잎새처럼 작아집니다.

내 인생의 초침 하나
달리고 싶고 쓰고 싶고
그대 향해 꿈꾸고 싶은
일편단심 민들레

그대 해바라기하는 열망에
작은 미소라도 보내주세요
나무 끝에 매달린 물방울처럼
스러져도 좋습니다.

오, 그대여!
그대 곁에 머물다 가는 이슬
그대 가슴에 스러질 때까지.

숲속은

숲은 침묵하지만
나무에 가까이 귀를 대고
가만히 귀를 기울여 보셔요.

잎들은 모두 떨어지고
나무들은 맨몸인 채
혹한을 애처롭게 떨고 있지만,

숲속 어딘가에서
들려오는 미세한 숨결소리
가만히 귀를 기울여 보셔요.

밖에서는 알 수 없는
뿌리에서 무슨 일이 일어날까요!

소근거리며 빨아올리는
물줄기 소리
미물들이 알을 품고 꿈꾸는 나라

속내를 감춘 초록 숲의 속삭임을
봄으로 향하는 합창소리를
가만히 마음의 귀로 들어보셔요.

초롱꽃

봄비가
토드락토드락
언 땅을 녹이네요.

잠자는 초롱꽃 아가씨들
어서 일어나라고

화사한 햇살과
상큼한 새소리
봄 아지랑이 아른아른
춤을 추고 있어요.

홍천강

홍천강이 하루 종일
구름과 어울리다가
저녁 노을 속에 잠기고

강가에 어스름이 내려
산 그림자 제 길로 가면
별빛이 내린 강물은
사늘한 강바람에 이끌려
이향異鄉으로 흘러간다.

어스름 적막이
차일처럼 펼쳐진 풀숲
풀벌레 소리 잦아들어
창가에 내려온 달빛만
전설처럼 아득하게 흐른다.

임진강

장대비가 천지를 삼킬 듯
퍼부으며 내리는데
흙탕물로 뒤범벅이 되어
넘실거리는 성애의 몸짓으로 흐른다.

봇물이 터진
지옥의 강으로 떠 내려온 시신
죽은 자는 말이 없고
남도 북도 벙어리가 되었다.

임자 없는 시신은
빗물에 떠밀리며 강심에 맴돌다가
비극 안고 떠도는 혼을 따라간다.

피멍이 선명한 석벽에
벙어리들 울부짖는
물줄기가 굽이굽이
까맣게 꿈틀거리며

전쟁과 평화의 갈림길에서 운다.

매미의 꿈

햇살 쏟아지는 여름 한나절
푸른 나무 사이로
하늘이 펼쳐진 그늘에서
노래하는 날을 위하여

칠흑 같은 지하에서
성충의 허물을 벗고자
칠년 세월을 몸부림치면서
고독을 삼켜야 했다.

한평생 꿈은
찬란한 노래
부르고 싶었던 노래
화사한 날개 파닥이면서
짧은 여름날을 천년같이 펼친다.

우산 숲

나무 그늘에 누워
바라본 느릅나무 천장은
우산처럼 숲을 이루어
비가 샐 틈도 없어보였다.

어미닭이 날개 아래
병아리를 품듯
두 손 벌려 안아보니
아늑한 엄마 품속처럼 안겨왔다.

마을 어른들이
수호신이라 받들던
앞동산의 느티나무도
서서히 가슴으로 안겨왔다

우산 숲은 그렇게
풍성한 봄빛 속에서
아름다운 꿈을 꾸듯 안겨왔다.

들꽃을 꺾어주고

들꽃을 꺾어주고
떠나간 사람
뒷모습이 그렇게 아름다웠다.

때로는 네잎 클로버에
마음을 담아
허공에 띄워 날리기도 했었지

순박한 몸짓으로
이슬같이 순한 눈빛으로
달빛 아래 설레임을 준 사람

질박한 조선의 막사발처럼
흙냄새 배인 고향 하늘을
생각나게 하는 뒷모습이 그립다.

껍질

바람이 나뭇가지를
가만히 놔두지 않는다.

산고의 아픔 아랑곳없이
바람이 밤송이를
흔들어대면서 지나간다.

고슴도치처럼
가시옷으로 무장을 하고
모진 비바람과 맞서
혼신으로 지켜낸 자랑스러운 모정

성장한 자식 제 갈 길로 보내는
별리의 아픔 삭이며
빈 껍질의 밤송이가
메마른 낙엽 속으로 떠나간다.

따스한 가을 볕이

아픈 상처를 어루만지 듯
피골이 상접한 껍질을
오후의 햇살이 감싸 안고 있다.

4

고향 가는 길에

뭉게구름 틈서리로 쏟아지는
눈부신 햇살
그 햇살보다도 밝은
어머니의 따스한 미소가
고향 가는 길목마다 아른거립니다.

고향 가는 길에

고향 가는 길에
나무 가지마다
소담하게 맺은 꽃망울들이
옹알이하며 오순도순 피어 납니다.

우리 아가 볼을 닮은
발그레한 백일홍 꽃송이가
고향 가는 길 꽃등이 되어 줍니다.

바람이 불 때마다
일렁이는 숲처럼
환한 미리내 강을 이루며
초록 바람이 가슴에 밀려옵니다.

하늘에서
뭉게구름 틈서리로 쏟아지는
눈부신 햇살
그 햇살보다도 밝은

어머니의 따스한 미소가
고향 가는 길목마다 아른거립니다.

연鳶

바람보다 더 가볍게
허공을 나네
티끌만한
욕망마저 다 버렸다 하네.

생의 집념마저
거미줄 같은 실타래에
미련 없이 맡기고
꼬리 흔들며 하늘을 나는가.

고행의 길
얼마나 가벼워 져야
저리도 유유히
바람을 따라잡는가.

생과 사를 초개같이
여기는 도인처럼
가는 곳이

닿는 곳이 쉴 곳이라 하네.

자운영

꽃밭에서 속삭이던
유년의 반지와 시계를
지금도 기억하고 있을까

우리들의 추억 속에
살아있는 이야기를
지금도 간직하고 있을까

손가락에 걸어주던 꽃반지
손목에 걸어주던 꽃시계
밤하늘의 별처럼 살아나는데

그대는 어느 하늘 아래
사는지 달빛만 은은하게
나를 아는 체 하네.

노신사와 바다

보름달에 반사되는 물비늘
인생의 여울목에서 찰랑대며
수많은 애환을 출렁이고 부딪치며
정한情恨을 토해내듯 수런대는 바다!

울창한 소나무 숲 사이로
꿈을 꾸는 듯 조용한
하루가 바닷가에 머물면
서러운 달은 하늘을 홀로 떠간다.

고독한 노신사의 눈빛은 순애보殉愛譜
비목의 아픔으로 휘돌고
하늘 저 너머 떠나간 님
가슴 적신 사랑의 꿈자리는
꽃잎 따라 영원한 별이 되었네.

파도에 스러졌다 깨어나는 바다는
해풍의 뜻을 아는지 모르는지

썰물 뒤의 이야기를 남긴 채
소금을 물고 와서 부려 놓았다.

콩을 삶으면

콩을 삶으면
뽀얀 김으로 올라오는
생각의 알맹이들이
삶의 환희로 일어난다.

푹 여문 콩 껍질을
한 알 한 알 벗겨 내듯
집념을 벗기면
마알간 의식의 알맹이가
믹서기에 갈아져 나를 깨운다.

국수를 삶아 콩국에 넣으면
뜨거운 생각들이
부드럽게 풀어지고
정제된 생각들이
내 안에서 잘 어울어져
탐심과 진심과 치심
온갖 잡념들이 녹아 내렸다.

고향

유년의 추억이
멀어졌다가 가까워졌다가
아는 얼굴이 점점
사라져 가는 인생의 고갯마루

추억도 그리움도
바람처럼 떠돌다가
기억 속에서 멀어지는가.

어머니 젖 내음 같은
유년의 향취도
시간의 캡슐로 잠겨 지고
나그네가 되어 언젠가는
타임머신 속의 과거로 남을까!

눈을 감으면
고향은 언제나
어머니의 철없는 딸

좁은 골목 마다
추억어린 발자국들
노을 속으로 지워져 간다.

고향집 뜰에는

풀만 무성한 빈 뜰에
주먹 같은 홍시감이 땅에
닿을 듯 말듯 그네를 타고 있다.

은행나무 잎새들은
가을바람에 뒹굴고 매달린
은행들은 스산하게 움츠려 있다

은행을 줍고
감을 따고
가을을 거두어들이니
청국장을 잘 끓여 주시던 어머니의
생전 모습이
가슴에서 울먹인다.

뿌연 하늘에서 그리운
음성이 아슴아슴 들려오는 듯하다
애야, 눈이 올 것 같구나!

그리운 이름

문득
노을이 물드는
가을 하늘을 바라보다가
떠오르는 이름 석자.

해님이
남기고 간 노을 속으로
맑은 시어들이 스며들어
그대에게 흐릅니다.

은은한 향기로 다가와서
반딧불 같은 친구가 되고
어둠속에 빛처럼
별 같이 아름다운 이름.

손을 내밀면 다정히
미소로 감싸 안아준
언니 같은 동생 같은 그리움이

바다같이 안겨옵니다.

멍울진 노래

맵싸한 길을 걷는다.
먼지 이는
세월을 안고
어디로 가는지도 모를
세월에 매달려
불러보는 멍울진 노래

발걸음 멈추고
아름다운 노을 길을
유영하는 꿈을 꾸며 간다.

푸른 꿈

드넓은 초원 위로
구름이 노를 저어가듯
푸른 꿈을 펼치며 살고 싶다.

저 홀로 피는 들꽃은
비바람에도 부러지지 않듯이
극한 고난에도 좌절하지 않고
노래하는 작은 멧새이고 싶다.

지평을 돌아 걸어온 길
거울 앞에서
스스로 비춰보는 모습
백합 같은 꽃은 아니어도

아름다운 꿈을 간직하며
사랑을 배달하는 여자이고 싶다.

새순 발아하기

무심히 바라본 하늘 가
한 점의 구름이 내려다보고 있다.

시를 아무나 쓰는 줄 아느냐고
연민이 가득한 눈으로 보고 있다.

사념 속 불꽃은 살아 있다고
햇살이 다정히 미소하니
바람도 살풋하게 머리를 흔든다.

창을 열면 삼라만상이 도서관,
아침저녁 물리지 않는 자연의 음악
노을이 타듯 불타는 마음으로
청류에 구름처럼 시어를 낚으란다.

아득하기만 한 마음속의 단애
원시림의 숲속처럼 험한 길이어도
초가 고향 토담의 박꽃 같은

시어를 정성들여 가꾸면
파릇한 발아(發芽)로 자라지 않겠느냐고.

가을의 밀어

달리는 계절이
수지니[매]를 닮았다.

태양에 빛나는 들녘
석양에 물든 호수 같았다.

기름진 들판은
느긋한 힘이 넘치고
가을 들녘은 불꽃이 일었다.

타오르는 태양빛에
밭이랑마다 농익는 밀어

국화 꽃잎이 내 뿜는
계절의 향기와
풍요가 출렁이는 가을이
알곡들을 쏟아내고 있다.

부메랑이 되어

정의라는 이름으로
쏘았던 화살이
가시가 되어 돌아와 박혔다.

옹이 박힌 화살에
갈기는 갈기갈기
시퍼런 칼날이 되어
가슴을 후벼 놓았다.

사정없이 박힌 화살은
피멍으로 젖고
그 화살로 인한 상처들의
아우성에도 싸늘한 마음

세월의 고갯마루
인생의 능선에서 다시 돌아보니
화살은 간 곳 없고
흔적만 남아있다.

고추를 수확하며

작은 화분에서
고추 수확은 미미했지만
밝은 햇살 환하게 받으며
고추가 파랗게
조롱조롱 달려 즐거웠던 여름

고추꽃이 수줍게 바람이 났다.
불한당 같은 벌들이
무시로 드나들어 이웃들
사이에 빨간 소문이 야릇했지만

맵싸한 고추 잉태하여
뜨거운 눈물 보여주는
건강하고 당차게 키워낸 고추포기
계절이 지나는 작은 고추밭에
가을볕이 쉬엄쉬엄 쉬어가고

빨간고추 송송 썰어

된장국 끓이시는 어머니의
얼큰하고 구수한 손맛이 그리워
어제인 듯 그 시절의 맛을 음미해 본다.

당신을 초대합니다

갈마산   높은 등성이
아무나 오를 수 없는
억새밭으로 당신을 초대합니다.

만산홍엽으로 물들어가는
능선 굽이굽이
하얀 구름밭을 이루며
백발 휘날리는
억새꽃 정원은 순결합니다.

고행을 하는 자만이
고행의 의미를 알듯
힘들게 내딛는 발자국만이
해발 천 미터 이곳에서
도도하게 자리 잡고 휘날리는
억새꽃 의미와 기쁨을 알 것입니다.

억새꽃의 향연과

불타는 가을 연주회도
귀 기울여 들어 보세요.
그리고 이 가을의 아름다움과
뭔가 알 수 없는
그리움도 당신께 드리겠습니다.

너를 보내고

너를 보내고
빈 가슴으로 울고 있다.

해거름의 하늘도
네가 놀던 길목도
적막하게 비어있고

목련나무 가지에
두견새가 날아와서
슬프게 슬프게 울었지

너를 떠나보낸 그날은
대낮이 밤 보다 더 어두웠다.

바다 보다 깊은
너의 빈자리
오늘도 나는 미망을 헤맨다.

햇살이

햇살이 시골집 마당에
하염없이 내리고 있다
아무도 없는 빈 집이기에
외로움을 많이 타신다.

하루 종일 빈 집을 지키면서
다음날을 기다리고
또 그 다음 날을 기다리고
텅 빈 채소밭에 내려와
싹 틔울 씨앗을 기다린다.

햇살은 내려와 기다려도
주인은 나타나지 않았다.
그래도 햇살은 내려와
빈 집을 지키고 있다.

달님에게

산간벽지 까지 내 뒤를
따라 오셔서 그리도
환한 웃음을 보내시나요.

침침하고 적막한 골목길을
다정하게 비추시는 그대는
아픈 나를 위로하고 계셨습니다.

왁자하던 고샅길의 훈김
떠들던 정겨운 음성들
가슴 저미도록 추억이 그리워
침묵으로 마주한 이 밤
사념의 오솔길을 찾아나섭니다.

연륜의 때가 앉은 길목을
모두들 떠나가고
노을 길 초로가 되어
당산 모퉁이에서 중천을 보며

지나는 당신을 전송합니다.

두견새

두견새 울음소리에
산골 별빛마저
잘게 부서져 내린다.

무슨 사연이기에
밤이 깊도록
저리도 서럽게 우는가.

우이천에서

우이천은
하루종일 바쁘다.

송사리는 술래
두루미는 술래잡기

머리카락 보일라
꼭꼭 숨어라

그대가 물처럼

그대가 물처럼
내 가슴 깊은 곳에
여울지며 흐르고 있네.

아침 햇살에
반짝이는 물비늘 같이

내 가슴에
수를 놓으며
흐르면서 스며들고 있네.

달

나를 따라 오고 있었다
내 마음을 알고 있다는 듯이

나에게 걸려있는 백팔번뇌
아무리 떨치려 해도
떨어지지 않는데
달님은 따라오며 위로하고 있었다.

썰물이 빠져나가 듯
빠져나가는 아이들
왜 까닭 없이 창연해 지는가.

달도 차면 기우는데
나는 왜 기울 수가 없는가.

보내면서
－c양을 추모하며

그대는
어느 하늘에서 왔기에
하늘을 떠도는 오로라처럼
파랑새가 되어 날아갔는가.

여린 가슴
못 박힌 상처로
만산창이가 된 그대에게
독화살이 날아들었다.

그대는 만인의 연인
찬란하고 화려한 꽃
아름다운 사랑의 화신이었다.

이제 그대는 무지개가 되고
하늘의 별이 되고
그리고 바람의 딸이 되었다.

깃털처럼 가벼운
영혼의 나라
새가되어 노래하면서
무욕의 날개로 훨훨 날으리.

빈 자리

고목에 구멍 뚫리듯
그대 비어 있는 자리가
그렇게 허전할 수가 없네

바람도 기웃거리다 가는
싸늘한 빈 방에
향수의 불을 켜면
벽에서 흐느적이는
외로운 그림자

아무리 둘러봐도
그대의 온기 느낄 수 없네

뜰에 나서면 오손도손
다정한 미리내 강을 이루네.

파열음

버스가 떠날 때 터져 나오는
신음소리가 찢겨져 나갔다.

북으로 간 아들
건강히 지켜 주십사고
만날 날 점지해 달라고
아침저녁 부뚜막 조왕신께
빌고 또 빌던 어머니!

기적 같은 모자 상봉이
꿈길처럼 왔는데
오랜 풍상 견디어온 세월에
앗겨버린 빈 영혼의 파열음!
어머니는 아들을 알아보지 못했다.

오마니, 오마니!
피를 토하는 절박한 음성,
심장을 멎게 하는 시대의 비극이

구십 성상의 연륜으로 혼미해진 정신은
피울음 바스러진 슬픈 메아리로
이산가족 상봉에
백발도 갈대처럼 휘날리고 있다.

□ 해설

鄕土情緖의 醇厚한 人情美學

黃松文
詩人·선문대 명예교수

　이효석은 그의 수필 「낙엽을 태우면서」에서 "물과 불 − 이 두 가지 속에 생활은 요약된다. 시절의 의욕이 가장 강렬하게 나타나는 것은 이 두 가지에 있어서다."라고 썼다. 그는 시절의 의욕이 가장 강렬하게 나타나는 것을 왜 '물과 불'이라고 했을까?
　시에 있어서 원형은 원초적으로 이어져 내려온 어떤 유형의 것들이 본질적 특질이라고 믿어지는 생각을 말한다. 따라서 시인에 있어서는 작품을 통해서 인간 본성의 근원성(원시성)을 추구할 수 있게 된다. 즉 아키타입(archetype)을 추구해 낼 수 있게 된다.

인류에게는 원시 시대부터 반복되는 일종의 행위 패턴 내지 의미의 패턴으로서의 해설적 가설이 추출되어진다. 시에 있어서 원형이라고 할 때는 근본적이고 일반적이며 보편적 패턴인 탄생, 성장, 사랑, 삶과 죽음 등이 그 대상이 되며, 理性과 想像, 자유의지와 운명, 개인과 사회 등의 갈등의식 같은 것들도 역시 원형 패턴의 대상적 주제가 된다.
　오남희 시인의 시세계를 이러한 견지에서 살펴보게 될 때 '가족'과 '사물', '자연'과 '고향' 가운데 역시 '물'과 '불'이 가장 먼저 다가온다. 그것은 「할머니 샘」과 「어머니 손맛」에서 볼 수 있는 원초적인 생명감으로서의 인정미학이다.

　　우리 집 툇마루처럼
　　사람들이 쉬어가곤 했다.

구름도 한가로이 떠가고
지친 산새 다람쥐도 쉬어가는 곳에
샘물이 넘쳐흘렀다.

할머니 넉넉한 가슴은
옹달샘도 되고 툇마루도 된다.
구름처럼 떠도는 박물장수들
언제라도 쉬어가는 따뜻한 쉼터.

할머니의 샘처럼
할아버지가 쓰시던 사랑방은
길가는 나그네들이 묵어가는 곳,
마른 목을 축이며 쉬어가는 샘이다.
　　　　　　　　－「할머니 샘」전문 －

세상이 추울수록
그리워지는 할머니의 화롯불

시간이 흘러가면
식어가는 재를
정성으로 다독여

살아나게 하는 불씨
할머니가 살아오신다.

불씨를 아끼시는
할머니는
자식을 가슴에 묻은 채
그리움이 쌓인 앙금을
삭이고 계셨다.

-「불씨」전문 -

  할머니에 관한 '물'과 '불'이다. '물'에서는 순후한 인정미학이, '불'에서는 정한의 미 미학이 살아나고 있다. 그것은 "할머니 넉넉한 가슴은/ 옹달샘도 되고 툇마루도 된다."에서, 그리고 "불씨를 아끼시는/ 할머니는/ 그리움이 쌓인 앙금을/ 삭이고 계셨다."에서 각각 단적으로 표현하고 있다.
  이러한 시각적 색채의식 내지 형태의식이 「어머니의 손맛」에서는 미각적 이미지로 변모된다.

어머니의 손맛을 전수하고자
쑥개떡을 빚어보았네

손만 대어도 맛이 나는
어머니의 손맛을 흉내 내고자

소재는 같은데 주제는 안 나와서
이리저리 기교도 부려보았지
엉성한 솜씨는 산뜻한 맛이 나오지 않아
반지르르한 겉멋을 없애고

차근차근 옹축되게 반죽을 해봤더니
조금은 맛이 날까말까

갈고 닦아도 그 세월이 아득해
어머니 손맛을 흉내도 못내네.
- 「어머니의 손맛」 전문 -

이러한 가족사는 「민속촌에서」와 「질경이」에 이르면 사회로, 민족으로 확대된다. 그것은 미시적인 눈으로 현미경을 보다가 거시적인 눈으로 망원경을 보게 되는 자연

스런 현상이다.

민속촌에서
내 유년시절 할머니를 바라본다.

기억에 살아남은
정갈한 잔상을.

할머니는
누에고치 실을 뽑고 계셨다.

비단실을 내기 위해
번데기가 떠도는
펄펄 끓는 물에서
명주실을 물레에 감으시는 할머니.

너 시집 갈 때 비단이불 해줄 껴
번데기 같은 할머니의
명주비단 같은 말씀이
아홉 살 소녀 귀에 쟁쟁하다.

번데기가 나비되어 청산 가듯,

명주옷을 입으시고
꽃상여 타신 할머니는
꽃구름 속으로 훨훨 날아가셨다.
  －「민속촌에서」전문 －

　창조적(생산적) 상상을 통하여 기억의 잔상에서 할머니를 재구성하고 있다. 그것은 유년시절에 본 할머니와 명주 비단의 재료가 되는 누에고치 실을 뽑으시는 할머니, 그리고 이승을 떠나는 할머니를 시간적 질서대로 재구성하고 있다. 이러한 가정적인 분위기가 「질경이」에서는 '백의민족'으로, '조선'으로, '민초'들로 확대된다. 그리고 사물들도 '빠뿌쟁이' '민초' '죽창' 등으로 변모, 확대된다.

척박한 땅이라 할지라도
망설임 없이 뿌리내리고
번식하며 생육하는
백의민족의 정신을 빼어 닮았다.

자식을 위해서라면
모든 것 다 내어주는
끈질긴 빠뿌쟁이 근성
조선의 어머니를 빼어 닮았다.

짓밟히고 짓이겨져도
다시 일어서는 오뚝이처럼
꿋꿋하게 역경을 이겨내는
민초들의 죽창을 빼어 닮았다.
 －「질경이」전문 －

　여기에서는 「질경이」가 '백의민족의 정신'으로, '빠뿌쟁이 근성'으로서의 '조선의 어머니'로, '오뚝이'와 '민초들의 죽창'으로 유추되고 있다. 이는 주체와 대상 사이의 상사성相似性에서 기인된다. 이 시는 질경이의 그 끈질긴 생명력이 가정에서 사회 민족으로 확대된다. 그리하여 무한소의 사물인 빠뿌쟁이에서 민초들의 죽창이라고 하는 민족의식으로 확대된다.

노을이 물드는 가을 하늘에
기러기 떼 북으로 날고 있다.

시간은 무심히 흐르고
산모퉁이 휘어 도는 언덕에서는
들꽃이 가을 속으로 침잠해 간다.
　　　　　　　－「색즉시공」앞부분 －

봄비가
생각의 강을 이룬다

다정한 빗소리는
그대 목소리

몸을 비비며
그대 살아와 몸으로 말한다
흙에서
올라오는 새싹처럼
　　　　　　　－「봄비가」전문 －

손가락에 걸어주던 꽃반지
손목에 걸어주던 꽃시계

밤하늘의 별처럼 살아나는데

그대는 어느 하늘 아래
사는지 달빛만 은은하게
나를 아는 체 하네.
- 「자운영」 후반부 -

앞의 시 「색즉시공色卽是空」은 무상한 시간성을, 그 다음의 「봄비가」는 '생각의 강'을 이루는 '봄비'가 '새싹'과 연결됨으로써 순환적인 삶을 암시한다면, 마지막 자운영은 무한소의 꽃반지 꽃시계가 '밤하늘'의 의 '별'로 확대된다. 이러한 유추와 확대현상은 사물인식의 확대인 동시에 사회성의 확대를 의미한다. 이러한 확대는 「고향 가는 길에」에서 더욱 확연히 드러난다.

고향 가는 길에
나무 가지마다
소담하게 맺은 꽃망울들이

옹알이하며 오순도순 피어납니다.

우리 아가 볼을 닮은
발그레한 백일홍 꽃송이가
고향 가는 길 꽃등이 되어 줍니다.
바람이 불 때마다
일렁이는 숲처럼
환한 미리내 강을 이루며
초록 바람이 가슴에 밀려옵니다.

하늘에서
뭉게구름 틈서리로 쏟아지는
눈부신 햇살
그 햇살보다도 밝은
어머니의 따스한 미소가
고향 가는 길목마다 아른거립니다.
　　　　　－「고향 가는 길에」전문 －

 이 시는 "자상한 풍경묘사로 시를 돋보이게 하고 내포된 정서도 비교적 청신감이 있다."고 김규동 시인이 평한 바 있는 작품이다. 여기에서 '옹알이 한다'나 '오순도순' '뭉게구름' '초록 바람' '백일홍' '고향' '꽃등' '하늘' '햇살' '미소' '숲' 등은 모두 이 시를 효과적으로 표현이 되도록 기여하는 사물들이다. 향토정서의 순후한 인정미학이 구체적으로 나타나는 데 있어서 자상한 풍경묘사에 효과음 효과색을 내는데 기여하고 있다. 순후한 인심이 푸지게 다가와서 넉넉한 품이 만져진다.

 오남희 시인은 한국인의 원형이라 할 수 있는 정한의 요소 가운데, 특히 순후한 인정을 여러모로 살려내고 있다.「할머니 샘」과「어머니 손맛」으로 대표되는 가족 시에서부터,「민속촌」과「질경이」로 대표되는 사물시, 그리고「색즉시공」과「꿈의 전령사」로 대표되는 자연 시,「고향 가는 길에」와「자운영」으로 대표되는 고향 시 등으로 표현하고 있다.

오남희 시인의 시세계가 이 처녀시집을 시발로 '가족'과 '사물', '자연'과 '고향'의 범주에서 앞으로 어떻게 종교적 상상력과 철학적 인식, 역사의식 등의 양질의 영양분으로 차원 높고 의미 깊은 시를 생산하여 갈지 그 귀추가 자못 주목된다. 줄기찬 조탁 끝에 상재한 이 시집을 기반으로 더욱 폭넓고 심오한 인정미학이 예술의 꽃으로 솟기를 바란다.

오남희 시집 질경이 고향

초판인쇄 2009년 7월 10일
초판발행 2009년 7월 12일
지 은 이 오남희
발 행 인 황송문
펴 낸 곳 문학사계
주   소 서울특별시 영등포구 문래6가
         56-1 미주프라자 102호
전   화 (016)561-5773
팩   스 (02)2637-9759
이 메 일 songmoon12@hanmail.net
등   록 2005년 9월 20일
         제318-2007-000001호

ISBN 978-89-93768-13-8 03810

값 7,000원

배포처 자유문고 (02)2637-8988